Michel Élie Djema

LA PRAGMATIQUE ET L'HERMÉNEUTIQUE DU DIALOGUE

Michel Élie Djema

LA PRAGMATIQUE ET L'HERMÉNEUTIQUE DU DIALOGUE

SELON HABERMAS ET GADAMER Recherches des conditions avec application dans le dialogue Nord - Sud

Éditions Vie

Cover image: www.ingimage.com

Publisher:
Éditions Vie
is a trademark of
Dodo Books Indian Ocean Ltd., member of the OmniScriptum S.R.L Publishing group
str. A.Russo 15, of. 61, Chisinau-2068, Republic of Moldova Europe
Printed at: see last page
ISBN: 978-613-9-59028-5

LA PRAGMATIQUE ET L'HERMÉNEUTIQUE DU DIALOGUE SELON HABERMAS ET GADAMER.

(Recherches *des conditions avec application dans le dialogue Nord-Sud)*

DEDICACE

Que d'inoubliables souvenirs et tourments ont arraché notre quiétude quotidienne durant des années de notre carrière académique et Pastorale.

Les décès des êtres chers, les rudes épreuves de vie conjugale et tant d'autres déboires qui ont cheminé et ont tenté d'affaisser notre vouloir-être et notre vouloir-vivre.

À tous ceux qui ont apporté un réconfort à notre personne que nous dédions cette œuvre scientifique.

0.0. INTRODUCTION GÉNÉRALE.

" Il est tout simplement impossible d'avoir recours au procédé généralisant quand on veut étudier un phénomène dans sa singularité. Cette impossibilité seule est logique : on ne peut que manquer le singulier si on veut le saisir avec les procédés de la méthode généralisante "[1]. Considéré dans cette perspective, le dialogue Nord- Sud en étude ne peut être que par la méthode non généralisante. C'est dans cet ordre d'idées que nous ne appel qu'aux deux philosophes allemands : Habermas et Gadamer pour étayer la lanterne sur la problématique du dialogue Nord-Sud. Ce choix résulte de la complémentarité de leurs vues dans l'aspect langagier.

S'agissant de la communication, concept qui ressemble et assemble Habermas et Gadamer, Watzlawick disait qu'" elle est une condition *sine qua none* de la vie humaine et en définitive de l'ordre social"[2]

Communiquer pour Habermas, c'est d'abord remplir certaines exigences. Ces exigences consistent à respecter la technique dialogale appropriée tant au niveau de la structure que de la pragmatique. Ensuite, appliquer cette technique de manière à déboucher sur l'agir communicatif.
Gadamer par contre, tout en abondant dans le même sens se distancie de ce dernier. Il étudie profondément la communication dans l'axe " je- tu". Il cherche à comprendre le dialogue comme question- réponse dans le chaînon de la communication.

Cependant, pour saisir le dialogue Nord- Sud, nous allons suivre le schéma suivant : au premier chapitre consacré aux conditions du dialogue ; nous allons saisir la compétence communicative de Habermas comme dépassant et réformant la théorie de Chomsky. Cette dernière avait comme caractéristique de considérer le langage comme n'impliquant pas la dimension communicationnelle. Apel par ailleurs s'insurge contre Chomsky en disant que la compétence chomskyenne suppose aussi l'ICI. C'est à dire qu'elle suppose la compétence habermasienne.

---

[1] FREUD, J., les théories des sciences humaines, Paris, P. U. F., 1973 ; p. 112.

[2] WATZLAWICK, Une logique de la communication. Traduit de l'américain par J. MORCHE, Paris, Seuil, 1972,p.7

Toutefois, cette compétence linguistique demande d'être testée par la conversation et en définitive par la compétence communicative.

Le deuxième chapitre exposera le dialogue selon Gadamer._Il s'agira d'étaler le processus du dialogue. Gadamer dégagera le dialogue du procès question-réponse. Au chapitre III, qui s'intitule : Dialogue Nord- Sud, nous allons esquisser l'historique du dialogue Nord- Sud. Ensuite, sera exposé le problème tel qu'il est vécu présentement et les diverses objections des pays industrialisés (P. I.) vis à vis des pays en voie de développement (P. V. D.) et vice versa.

Enfin, le dernier point de la troisième partie sera consacré à l'objection d'Éric WEIL. L'objection consiste à différencier le dialogue d'après les hommes de culture d'avec les hommes politiques. Les hommes de culture dialoguent parce qu'ils ont la même compétence linguistique ; savent ce dont ils parlent. C'est leur métier.

Les hommes politiques n'émettent presque pas toujours sur la même longueur d'ondes. Chacun parle pour son compte. C'est à dire qu'ils s'expriment en termes d'intérêts. Telle est la perspective du dialogue Nord- Sud.

Étant donné que ÉRIC WEIL a évoqué les deux formes de dialogue ; nous pensons que le dialogue des hommes de culture contribuerait à résoudre le problème du dialogue Nord- Sud. Car, ces derniers " sont d'accord sur la valeur du dialogue, étant opposés à la violence du moins à l'emploi prématuré de la violence." Le Professeur TSHAMALENGA ne disait-il pas que le refus du dialogue est un pas vers la guerre ?

" Le dialogue, c'est une volonté de lutte, d'attente et d'écoute qui essaie de dépasser les contingences pour un universel toujours à chercher. "[3]

---

[3] OKOLO OKONDA, Pour une philosophie... p. 87

CHAPITRE I. THÉORIE DE LA COMPÉTENCE COMMUNICATIVE.

Logiquement, la compréhension de la compétence linguistique est rendue possible par l'investigation sur la compétence communicative.

Pour notre part, nous nous contenterons de signifier les éléments permettant une ouverture vers une théorie de la compétence communicative, mais sans les approfondir. Notamment : la relation triadique du signe, la thèse Wittgensteinienne de l'impossibilité d'une langue privée, le refus Wittgensteinien d'une théorie universelle des jeux de langage et la théorie des actes de parole car, notre tâche consiste non à opposer Chomsky et Habermas, mais de rendre plausible le fait que la compétence linguistique en tant que connaissance de la langue est toujours déjà communicative. "[4]

1.1. PRAGMATIQUE UNIVERSELLE ET COMPÉTENCE COMMUNICATIVE

La P. U. ou théorie de la compétence communicative a pour tâche de construire le système de règles suivant lequel nous, locuteurs linguistiquement compétents, générons des situations de tous discours possible.[5] IL cherche pour ainsi dire à identifier et à reconstruire les conditions générales et ultimes de possibilité et de validité de toute communication et même de tout agir communicatif ou interaction digne de ce nom.

À cet effet, Habermas dégage les universaux pragmatiques qui sont, des " structures générales de toute situation possible de discours" (...)[6]

1.2. Les universaux pragmatiques.

Il s'agit dans ce point de souligner le fait que les U. P. sont des structures invariantes et constitutives de tout discours- dialogue.

---

[4] TSHIMANGA, Mémoire de licence, Université Catholique, 1986

[5] TSHAMALENGA. N., Questions approfondies de Philosophie de langage, U. C. K, 84-85,p.6

[6] Ibid., p. 6

Habermas dresse d'abord un catalogue des classes des mots se rapportant aux structures générales de la situation du discours. (cf. D. WUNDERLICH ; Pragmatik, Sprechsitustion, Deixis, in : Beitrage Zur Literatur Wissenschaft Und Linguistik, Bad Homburg 1971) :

1. Pronoms personnels (fonction à la fois performative et déictique) : je, tu, il…
2. Apostrophe, vocatif, honoratif.
3. Expressions déictiques (démonstratifs) : démonstratif, articles, noms de nombres.
4. Verbes performatifs : affirmer, demander, ordonner, promettre etc.
5. Verbes internationaux, modaux : croire, savoir, nécessairement etc.[7]

Habermas exclut des UP, les actes de parole servant à représenter des actions ou conduites institutionnalisées. En l'occurrence nommer, maudire, baptiser, féliciter, marier, acquitter, saluer etc.
Ceux par contre qui appartiennent aux UP sont systématises en quatre classes :

1. Les communicatifs : cette classe sert à exprimer le sens pragmatique du discours ; elle explicite le sens de l'énonciation en tant qu'énonciation en vue de la communication. Exemple : dire, se prononcer, parler, s'entretenir, demander, répondre, répliquer, être d'accord, contredire, reprocher, avouer, mentionner, rapporter fidèlement, réciter.

2. Les constatifs : cette classe sert à exprimer le sens cognitif des phrases. Elle explicite le sens des assertions en tant qu'assertions. Le mot clé, ici, est " Behaupten" (prétendre, affirmer avec force) avec toutes ces nuances : décrire, faire rapport, faire part, raconter, expliquer, assurer, garantir.)

3. Les représentatifs : Cette classe sert à exprimer le sens pragmatique de l'auto-présentation du locuteur à l'auditeur. Elle explicite le sens de l'expression des intentions, des dispositions du locuteur.
   Exemple : je sais, je doute, je souhaite…

4. Les regulatifs : Cette classe sert à exprimer le sens de l'emploi pratique des phrases. Elle explicite le sens de l'attitude des S/H vis à vis des règles qu'ils

[7] Ibid., p. 9

observent ou violent. Exemple : commander, prier, exiger..., s'engager, promettre.[8]

Comme nous le remarquons, cette classification des " UP du dialogue" " crée les structures générales de situations du discours"[9]. Ceci postule assurément une situation dialogale idéale. La situation dialogale idéale présuppose une certaine critériologie qui la régirait. Nous pensons notamment à l'intelligibilité et symétrie entre locuteur et auditeur, à la vérité (consensus), à la sincérité et à la tristesse.

1.3. Discours.

____Habermas opère une distinction entre " *l'agir communicatif* (interaction) et le *consensus.* La validité des sinuzusammenhanges est naïvement présupposée dans l'agir communicatif pour échanger des informations sous forme d'expérience liées aux actions. (Handlungsbesogene Erfahrungen). Dans le discours au contraire ce sont les prétentions problématisées qui deviennent le thème du dialogue.[10] .[11]
Vous vous en doutez, le discours tend pour Habermas au consensus entre partenaires en dialogue. Ce dialogue devra se dérouler " *sans qu'aucune contrainte, ne s'exerce en dehors de celle du meilleur argument, que, par conséquent, tous motifs autres que celui de la recherche en commun de la vérité sont exclues.".* [12]

Habermas retient deux distorsions ou perturbations à la communication ; la névrose et la domination. Il écrit ce qui suit dans" connaissance et intérêt. " :" *Parce que les symboles qui interprètent les besoins réprimés sont exclus de la communication publique, la communication avec lui-même du sujet parlant et agissant est interrompue. Le moi n'a plus accès au langage privatisé des motifs inconscients, bien que, celui-ci ait certainement de façon interne, une répercussion sur l'usage courant contrôler par le moi et sur la motivation de ses actions : le résultat est que le moi se trompe nécessairement sur son identité dans*

---

[8] Ibid., p. 9

[9] Ibid., p. 10

[10] Ibid., p. 10

[11] HABERMAS, J., Raison et légalité. Problèmes de la légitimité dans le capitalisme avancé. :Traduit de l'allemand par Jean LACOSTE, coll" critique de la philosophie ", Paris, Payot, 1978,p.148.

[12] Idem, connaissance et intérêt. Traduit de l'allemand par Gérard CLEMENCON Postface traduite par Jean-Marie Brohm Préface de Jean-René LADMIRAL, Paris, Gallimard, 1976,p.260.

les ensembles symboliques qu'il produit consciemment. "[13] *;" Si la limite de la communication publique, nécessaire dans les relations de domination, ne doit néanmoins pas affecter l'illusion de l'intersubjectivité d'une activité communicationnelle sans contrainte, les limites de la communication doivent être établies à l'intérieur des sujets. Ainsi, en même temps que les motifs d'action non désirés, la portion privatisée du langage ex-communie (exkommuniziert), est dans la personne du névrosé, condamnée au silence et l'accès lui en est fermé. "*[14].

La communication est perturbée, mieux est distordue. Comment alors peut-on remédier à la situation ? L'auteur de la connaissance et intérêt pense qu'il serait souhaitable de se référer à la personne de l'analyste considérée comme interprète. À ce propos, il écrit : " *cette perturbation de la communication requiert, non un interprète qui serve d'intermédiaire entre partenaires de la langue différente, mais un interprète qui apprenne à un seul et même sujet à comprendre sa propre langue. Instruit par l'analyste, le patient apprend à lire ses propres textes, qu'il a lui-même mutilés et déformés en langue privée. "*[15]
" Habituellement souligne- t-il en outre, l'interprète a pour tâche de médiatiser la communication entre deux partenaires parlant des langues différentes : il traduit d'une langue dans l'autre, il crée l'intersubjectivité de la validité des symboles et des règles, il surmonte les difficultés de compréhension entre les partenaires qui sont séparés par des facteurs historiques, sociaux ou culturels. "[16]

L'interprète n'est pas là pour sauver une partie contre une autre. Il est le facteur de jonction d'idées pour la compréhension. Se pencher sur un côté est un mauvais jeu qui rendra la communication incompréhensible et par ce fait, l'objectif à atteindre s'éloignera davantage.
Cela va sans dire que ces considérations de toute communication non adultère de domination et de névrose tend au consensus et par voie de conséquence à l'établissement d'une société que Habermas élabore la théorie de la société qui a pour point d'achoppement l'agir communicatif.

Quel est alors, le statut de l'agir communicatif entendu comme dialogue ?

---

[13] Ibid., p. 261.

[14] Ibid., p. 261

[15] Ibid., p. 260

[16] Idem, Théorie et pratique. Préface et traduction de Gérard Raulet. Critiques de la politique Coll " dirigée par Miguel Abeusow", Paris, Payot, p. 49.

1.4. LE DIALOGUE.

Le but du dialogue estime Habermas, c'est de parvenir à un accord. Cet accord s'acquiert grâce à la communauté intersubjective de vues ; grâce à l'objectivité et enfin, grâce à la confiance réciproque.

La confiance est l'arme essentielle dans le dialogue. Cette arme est accepté tant par les culturels que les politiciens. Sans elle, la communication pourra bien passée mais le résultat attendu sera mince.
La théorie de Habermas, présuppose la vérité reposant sur l'idée de consensus, théorie qui devrait établir face à des théories concurrentes, pourquoi il est impossible de postuler un critère indépendant de l'idée de consensus et ayant quand même un sens, qu'il serait possible de définir, la structure de la discussion en relation avec l'anticipation et la présupposition inévitable, de la part de deux partenaires d'une situation de parole idéale.[17]
L'idée des partenaires en présence dans un dialogue sous-entend que ceux-ci devront s'exprimer sous certaines normes d'actions. Notamment :

1. Élever la prétention à être compris et à comprendre l'autre. Cette prétention implique la communion des partenaires ; l'égalité et l'interchangeabilité de leurs rôles sociaux, laquelle interchangeabilité est manifeste dans l'utilité interchangeable des pronoms : Je, tu, il...

2. Parler de quelque chose. C'est à dire parler de la même chose et non de deux choses différentes.
3. Exprimer les attitudes subjectives internes.
4. Élever la prétention que nécessairement et toujours déjà, tout partenaire dialogal doit élever à parvenir à un consensus vrai.

Habermas essaie à travers ces normes d'actions de " *démontrer que les prétentions à la validité qui sont constitutives de la reproduction culturelle de la vie, comme la vérité et la justesse, la convenance ne peuvent plus être admises de façon discursive lorsqu'elles sont conçues comme les moyens de régulation et sont mises sur le même plan que, d'autres moyens comme le pouvoir, l'argent, la confiance,*

---

[17] Idem, Raison et légitimité. p. 18

l'influence " etc."[18] *le modèle approprié serait plutôt, celui de la communauté de communication des parties concernées qui examinent dans une discussion rationnelle d'ordre pratique la prétention à la validité des normes et qui, dans la mesure où elles acceptent pour des raisons précises cette prétention à la validité, parviennent à la conviction que, dans les circonstances données les normes proposées sont correctes "*[19]

Un problème se pose quant aux actes de langage, dans la logique de la discussion. À ce point précis, Habermas préconise une étude de la combinaison de ces actes de langage. Car," *dans les discussions théoriques qui servent à fonder les affirmations ; le consensus naît selon d'autres règles que dans les discussions pratiques qui servent à justifier des normes recommandées.*

Le but est pourtant dans les deux cas le même, prendre une décision rationnellement motivée concernant la reconnaissance (ou le rejet) de prétention à la validité susceptible d'être admises lors d'une discussion. On peut comprendre ce que signifie la reconnaissance rationnellement motivée de la prétention à la validité d'une norme d'action à partir de la procédure de la discursive de la motivation. La discussion (DISKURSUS) peut être comprise comme cette forme de communication dégagée de l'expérience et déchargée de l'action dont la structure assure que seules les prétentions à la validité virtualisées, élevées par des affirmations ou, selon le cas, des avertissements ou des recommandations font l'objet du débat (DISKURSUS). Cette structure assure, en outre, que les participants, les thèmes et les contributions ne sont pas limités, si ce n'est par référence au but de l'examen des prétentions à la validité problématises, qu'aucune contrainte ne s'exerce en dehors de celle du meilleur argument, que, par conséquent, tous les motifs, autres que celui de la recherche en commun de la vérité sont exclues. Lorsque dans ces conditions on parvient à un consensus sur la recommandation d'accepter une norme et que ce consensus est le résultat d'une argumentation, autrement dit se fonde sur des justifications proposées de façon hypothétique et qui admettent des alternatives, ce consensus exprime une volonté rationnelle. " [20]

Ce qui est en effet," *requis comme condition de départ d' une discussion thérapeutique réussie, c'est d'abord que soit établie entre partenaires jouissant de possibilité inégales, l'inégalité effective de leurs chances au niveau de la perception de leur rôle dans le dialogue, c'est à dire du choix et de l'effectuation*

---

[18] Ibid., p. 46.

[19] Ibid., pp. 148- 150.

[20] Ibid., p. 54

même des actes de parole. " [21] On peut en outre," *démontrer que si nous voulons mener une discussion, il nous faut toujours supposer réciproquement entre nous une situation de parole idéale. Ainsi, les discussions sont-elles d'une importance fondamentale pour l'action communicationnelle."* [22]

Parailleurs, si l'on veut en revanche que sur le terrain où deux partenaires se trouvent face à face (l'un dans le rôle de celui qui éclaire et l'autre dans celui de quelqu'un sur lui-même), l'illusion de l' un ne soit pas exploitée par l'autre, il faut que l'unité du milieu de vie de deux parties soit suffisamment garantie, au niveau institutionnel, que les deux partenaires aient également à souffrir de l'erreur et ses conséquences. "[23]

Cependant, après que l'auteur de la théorie et pratique, ait souligné la fondamentale importance comme indice à l'action communicationnelle, Habermas note que :" *tout acte langagier est d'emblée investi par le telos de la compréhension. Car, avec la première phrase prononcée, c'est aussi la volonté d'un consensus universel et sans contrainte qui s'exprime sans ambiguïté." Wittgenstein a noté que le concept de compréhension est impliqué dans celui de langage. Ce n'est pas qu'en un sens outre explicatif que nous pouvons dire que la communication par le langage" sert " à se comprendre."* [24]

La communication implique la dimension interactionnelle. Cette dernière " *apparaît comme le véritable moyen de l'émancipation. L'intérêt émancipatoire ne serait qu'une orientation particulière de l'intérêt pratique, sa dimension libératrice, celle d'une anticipation de la communication possible qui serait à la fois débloqué et exempté de domination. "* [25] Ce dernier concept, nous voulons dire" domination " évoque son contre-poids qui n'est autre que la" morale ".

1.5. L'ÉTHIQUE COMMUNICATIONNELLE.

Habermas oppose l'éthique communicationnelle à l'empirisme et au divisionnisme en matière morale.[26]

---

[21] Ibid., p. 57.

[22] Ibid., p. 47.

[23] Ibid., p. 22

[24] MUNDOLONGO, Mémoire de licence.

[25] HABERMAS, Connaissance et Intérêt, p. 24.

[26] Idem, Raison et légitimité, p. 125.

Il reconnaît cependant, une similitude entre l'empirisme et le divisionnisme dans la mesure où ils sont tous irrationnels.

Toutefois, sur la base d'une éthique communicationnelle, on peut construire contractuellement un modèle de société. Car, " *l'argumentation se réduit à deux tâches : d'une part, examiner analytiquement la consistance des valeurs qui servent de prémisses ou de système de préférences qui est au fondement de l'argumentation et d'autre part, examiner empiriquement s'il est possible de réaliser les buts qui ont été choisis en fonction des valeurs.* "[27].

Une éthique communicationnelle garantit certes, l'universalité des normes admissibles et l'autonomie des sujets agissant uniquement par l'acceptation discursive des prétentions à la validité que présentent les normes.[28]

Parailleurs, une question est posée quant au modèle de société à former et à son interprétation des normes devant régir son fonctionnement, son organisation, ses rapports sociaux. Comment les membres d'une société peuvent-ils interpréter collectivement leurs besoins de façon contraignante, et quelles normes peuvent-ils accepter et considérer comme justifiées, s'ils pouvaient et voulaient décider avec une connaissance suffisante des conditions marginales d'applications et des impératifs fonctionnels de leur société, et ce lors d'une formation discursive de la volonté, de l'organisation des rapports sociaux.[29]

Habermas rejette cette tentative en ces termes : " *celui qui ne prend pas part aux argumentations, ou qui n'est pas prêt à y prendre part, se trouve malgré toujours déjà, dans des contextes d'activités communicationnelles. Ce faisant, il y a déjà reconnu de façon naïve les prétentions à la validité quand bien même elles sont élevées de façon contrefactuelle, qui sont contenues dans des actes de langue, et qui ne peuvent être admises que discursivement. Il aurait dû sinon se détacher du jeu de langage vécu sur mode communicationnel dans la pratique quotidienne. L'erreur fondamentale du solipsisme méthode s'étend à la présomption de la possibilité, non seulement d'une pensée monologique, mais aussi d'une activité monologique ; il est d'imaginer qu'un sujet capable d'agir et de parler puisse rendre permanent le cas limite de l'activité communicationnelle, c'est à dire le rôle monologique de celui qui agit de façon instrumentale et stratégique, sans perdre son identité* "[30].

---

[27] TSHIMANGA, Mémoire de licence.

[28] HABERMAS, Raison et légitimité, p. 205.

[29] Ibid., p. 150.

[30] GADAMER, H., Vérité et méthode. Les grandes lignes d'une herméneutique philosophique. Paris, Seuil, 1976,p.230.

Comme nous l'aurons remarqué, Habermas appuie sa théorie de la société sur une situation idéale du dialogue ; mieux de l'agir communicatif. La discussion garantissant" *un consensus ne peut naître que sur des intérêts universalisables.* " [31] C'est à dire interprété de façon appropriée et au besoin partagé de façon communicationnelle.

Habermas est quelque peu prisonnier d'une méthodologie principiel. C'est pour cette raison que nous allons appeler Gadamer, auteur de la théorie " *ouverture à l'opinion de l'autre"*.

---

[31] Ibid., p. 233

CHAPITRE II. L E D I A L O G U E SELON G A D A M E R

Au cours de la partie qui va suivre, nous nous n'attendrons pas à un dépassement spectaculaire de Habermas par Gadamer. Cependant nous soulignerons la dimension complémentaire, similaire de ce dernier par rapport au premier.

Une identité de vues rejoint Habermas et Gadamer. Elle se remarque quant à la reconnaissance de deux ou de plusieurs partenaires en dialogue. Si Habermas expliquait la théorie de la communication par l'établissement des préalables et la comprenait dans la structure discussionnelle ; Gadamer met un accent particulier sur l'art de questionner qu'il considère comme fondement du dialogue, voire même du vrai dialogue. Cependant *conduire le dialogue, l'ouverture à l'opinion de l'autre* sont si l'on peut nous permettre l'expression les conditions *sine qua none* au dialogue. Et par voie de conséquence, le goulot d'étranglement du problème.

2.1. LA LANGUE.

Comme Chomsky, Wittgenstein et Habermas, Gadamer considère la langue comme " *milieu où s'opère (vollreiht) l'entente entre les partenaires et l'accord (einvestandnis) sur la même chose."*[32]. L'entente dans la conversation implique que les

Partenaires y soient disposés et qu'ils essaient de faire droits à ce qui leur est étranger et opposé. Lorsque cela se produit de part et d'autre et que chacun des partenaires pèse les raisons de l'autre tout en maintenant les siennes propres, on peut finalement, par un transfert imperceptible et involontaire des points de vue (c'est ce que nous appelons échange d'opinions) parvenir à un langage commun et à une énonciation commune.[33].

D'une façon générale, nous présupposons que quiconque parle la même langue que nous, prend les mots dans le sens qui nous est familier. Cette présupposition ne devient problématique que dans des cas particuliers. Mais cette présupposition n'est pas la condition qui facilite la compréhension mais bien qui la rend difficile, dans la mesure où mes propres préconceptions qui déterminent ma compréhension risquent de passer tout à fait inaperçues. Et lorsqu'elles donnent lieu à des malentendus, comment en présence d'un texte, sans réplique possible d'aucun interlocuteur, ce malentendu pourrait-il seulement venir à être perçu ? Ou encore,

---

[32] Ibid., p. 106.

[33] Ibid., p. 213.

comment le contenu donné à un mot peut-il rejoindre celui de mon interlocuteur ?

Ces interrogations n'offrent pas des issus au problème, mais au contraire viennent le compliquer davantage (...). Nous ne pouvons méconnaître par ailleurs, de façon durable un usage déterminé de la langue sans que soit faussé le sens du tout.[34].

La langue est à ce titre, le facteur assurant le dialogue. Car le dialogue présuppose un langage commun, ou que tout dialogue se fait constituer un langage commun. Comment à ce propos, la connaissance de la langue peut-elle mener au dialogue ? Et /ou encore, qu'entend Gadamer par traduire le dialogue ?

2.2. DIALOGUE COMME QUESTION-RÉPONSE.

Conduire un dialogue signifie que les interlocuteurs ne parlent pas chacun pour son compte. Il offre donc nécessairement la structure de la question et de la réponse. Cependant, la première condition de l'art de dialoguer est de toujours que l'interlocuteur suit. Cette condition, nous ne la vérifions que trop bien avec le sempiternel acquiescement des interlocuteurs du dialogue platonicien. La contrepartie positive de cette monotonie est l'intime enchaînement qui assure le progrès de l'argument à travers le dialogue.

Conduire un dialogue signifie aussi, se laisser conduire par la chose même que visent les interlocuteurs. Conduire un dialogue ne demande pas qu'on réduise l'autre au silence, à force d'arguments, mais qu'au contraire, on prenne vraiment en considération le poids de l'autre opinion.[35]

Si Gadamer a parlé de la question, c'est pour la simple raison qu'il la considère comme art. Car, dit-il, " *l'art de questionner, c'est l'art de continuer à questionner, donc, l'art de penser. On l'appelle en substance dialectique parce qu'il est l'art de conduire un vrai dialogue."*[36]

L'art de la dialectique dont il est question n'est pas l'art d'argumenter triomphalement contre tout un chacun. Il est possible, au contraire, que celui qui exerce l'art de la dialectique, c'est à dire l'art de questionner et de chercher la vérité, argumente moins bien qu'un autre aux yeux des auditeurs. La dialectique

---

[34]Ibid., p. 213.

[35] Ibid., p.

[36]NUSBAUMER (Jacques), L'enjeu du dialogue Nord-Sud. Partage des richesses ou guerre économique. Préface de Arthur DUNKEL, Paris, Economica, 1981,p.1.

en tant qu'un art de questionner ne fait ses preuves que dans le fait que dans le fait que celui qui sait questionner est capable de maintenir son questionnement, c'est à dire de maintenir la direction vers l'ouvert.

2.3. OUVERTURE À L'OPINION DE L'AUTRE.

Gadamer dans la partie précédente a mis un accent tout particulier sur l'art de questionner. Savoir questionner et maintenir, mieux conduire le questionnement, sont les idées-forces du dialogue.

Le point relatif à l'ouverture possible à l'opinion de l'autre permettra un dépassement du problème dans la mesure où " *dans le dialogue par la voie de la question et de la réponse, par le donner et le recevoir que chacun pour son compte où que les opinions viennent à se coïncider"*[37]

Cette idée de Gadamer nous autorise à affirmer que la structure question-réponse est un indice assurant et garantissant le consensus possible. Cette structure a fait d'ailleurs ses preuves à Socrate qui utilisait la méthode et dont la fécondité maïeutique est prouvée dans ses discours.

La structure question-réponse, eu égard à son rendement, implique un état d'esprit assurant et garantissant cette performance. L'interlocuteur est pris au sérieux. Il n'est pas sous-estimé. C'est un partenaire égal avec qui on doit et /ou on peut dialoguer. Bref, il ne doit pas être diminué.

Gadamer, pour nous, a complété Habermas. Toutefois, ils se distancient singulièrement dans leur approche du problème. Gadamer nous inspire plus par son réalisme et sa concrétude. Voilà pourquoi nous adoptons son modèle pour dégager certaines impasses issues des rencontres entre les pays en voie de développement et nations industrialisées.

Certes, le problème du dialogue Nord-Sud est un sujet d'actualité. Mais en quoi consiste-t-il ? Quelles sont les possibilités qui s'offrent à nous quant à la résolution du problème ?

---

[37] Organe politique du Tiers-Monde constitue lors de la première conférence des Nations-Unies sur le commerce et le développement (CNUCEDI) en 1964.

C O N C L U S I O N PARTIALLE

Les conditions du dialogue et le dialogue selon Gadamer. : Deux chapitres qui précédent le dernier chapitre qui traite du dialogue Nord-Sud.
Les deux chapitres semblent être des moments préparatoires à l'application concrète du dialogue Nord-Sud. En ce sens que s'agissant du premier comme du deuxième chapitre, l'effort de leurs auteurs a consisté à dégager les conditions sans lesquelles la communication n'est pas possible. Ils ont développé des schèmes objectifs et indispensables à parfaire la communication. Chomsky a pour sa part prôné la connaissance de la langue comme facteur indispensable à la communication. Habermas par contre suggère que tout en maîtrisant la langue, il faille mieux communiquer moyennant l'application de certaines clauses pragmatiques. Ici, intervient les facteurs socio-culturels, l'éthique qui appelle à la confiance. Gadamer pour sa part, évoque certaines conditions devant assurer le dialogue. Toutefois, cela ayant trait à la saisie de la question de l'autre qui s'avère fondamentale.

C'est dans cet ordre d'idées que nous allons, au chapitre suivant, qui va essayer de mettre en application les théories édictées sur la praxis du *Dialogue Nord-Sud.*

CHAPITR III. DIALOGUE NORD-SUD.

3.1. HISTORIQUE.

Les pays en voie de développement (PVD), le Sud, refusent (...) d'accepter comme fatalité l'écart entre leur niveau de vie et celui des pays développés du Nord de la planète. Ce refus est une source permanente d'affrontement entre le Nord et le Sud dans les grandes conférences internationales où se produit tant bien que mal le dialogue entre les deux camps. Les difficultés de ce dialogue, les pressions exercées par les PVD partout où l'occasion se présente de réclamer ou de négocier une modification des rapports, de force, des revendications formulées par eux, dans de multiples déclarations unilatérales, suscitent la méfiance des peuples nantis.[38]
C'est pourquoi, " *en mars 1974, l'Assemblee des Nations-Unies, réunie en session spéciale, a été saisie par les pays en voie de développement du groupe des 77"*[39] de deux projets de résolutions intitulés respectivement Déclaration concernant l'instauration d'un nouvel ordre économique international. Et programme d'action concernant l'instauration d'un nouvel ordre économique international. Ces deux textes font penser au sigle NOEI. Leur contenu est plutôt normatif et général. Ce qui a permis leur adoption sans vote par l'Assemblée Générale. (Certains pays industrialisés avaient toutefois formulé des réserves à leur égard.) Néanmoins, le Sud y lit des objectifs précis, et tous ses efforts tendent vers la mise sur pied des mécanismes internationaux susceptibles de hâter l'avènement du NOEI.[40]

3.2. PROBLÈME.

L'idéologie du développement à cette heure est marquée par la nécessité d'une coopération internationale pour généraliser le progrès et permettre aux pays sous-développés de rattraper le retard grâce à des injections massives de capital de modernisme et de technologie_en provenance des centres industrialisés. Cependant, l'inégalité entre le Nord et le Sud n'est pas seulement un scandale pour l'esprit et la morale. Elle constitue un immense péril pour l'ensemble.[41] Telle est

---

[38] NUSBAUMER, (J), Idem, pp. 3-4.

[39] JEAN (Saint- Geours), L'impératif de coopération Nord-Sud. La synergie des mondes, Paris, Dunod, 1981,p.2.

[40] Convention ACP-CEE de LOMÉ. Signée le 28.02.1975 et documents connexes. Secrétariat général du Conseil des communautés Européennes, p. 25.

[41] Ibid., p. 26.

la raison qui explique une multiplication des initiatives tendant à réclamer ce dialogue.

En l'occurrence, les deux grandes rencontres donnant naissance aux deux conventions de LOMÉ dont les objectifs étaient définies dans le temps et dans l'espace.

Les conventions dont il est question tardent à donner naissance à l'éclosion des économies du Sud. Beaucoup de facteurs inhibiteurs étant relevés dans les dits forums et, qui nécessitent une volonté politique de part et d'autre.

La première convention ACP-CEE signée le 28 février 1975 comportait sept titres à la table des négociations :

1. Coopération commerciale
2. Recettes provenant de l'exploitation des produits de base
3. Coopération industrielle
4. Coopération financière et technique
5. Dispositions relatives à l'établissement aux services, paiements et mouvements des capitaux
6. Les institutions

L'article 1 de la convention notait ceci : " *Dans le domaine de la coopération commerciale, l'objectif de la présente convention est de promouvoir les échanges entre les parties contractantes, en tenant compte de leurs niveaux de développement respectif et, en particulier, de la nécessité d'assurer des avantages supplémentaires aux échanges commerciaux des états ACP, en vue d'accélérer le rythme de croissance de leur commerce et d'améliorer les conditions d'accès de leurs produits au marché de la CEE, ci-après dénommée communauté de façon à assurer un meilleur équilibre dans les échanges commerciaux des parties contractantes...* "[42]

L'article 2 par contre, renforce le premier. Mais cette année fois-ci en faveur des ACP, en stipulant que : *les produits originaires des États ACP sont admis à l'importation dans la communauté en exemption de droits de douane et de taxes de stabilisation des recettes d'exploitation.* "[43]

Les deux articles de la convention montrent à quel point les PVD étaient marginalisés dans ce domaine de relations économiques d'une part, et leur insertion progressive, d'autre part. Toutefois, le sentiment de frustration et l'impatience du Sud devant la lenteur des progrès réalisés vers les objectifs qu'il

---

[42] NUSBAUMER (J), Enjeu du dialogue Nord-Sud.

[43] Dossier LOMÉ II, in le courrier ACP-CEE, n° 58, p. 29.

s'est fixé le porte à multiplier les exigences. Telle est la situation qui explique les assises de la seconde convention de LOMÉ signée le 31 octobre 1979.

La convention de Lomé II se définissait pour objectifs entre autres, " *d'intégrer pleinement les pays en voie de développement dans l'économie mondiale, et par là, d'accélérer le rythme de leur croissance économique et sociale qui occupera au cours des prochaines décennies une place centrale dans les négociations intergouvernementales relatives à l'approvisionnement en énergie et en matières premières, aux relations, monétaires et commerciales, à la production agricole et alimentaire, au développement et à la répartition de la production industrielle, aux mouvements des capitaux public et privés, au transfert de technologies...*[44]

En résumé, la seconde convention régit les rapports de coopération entre les deux groupes de pays du 1er mars 1980 au 28 février 1985, dans le secteur commercial où elle confirme l'ouverture du marché communautaire et le renforcement du " STABEX". Alors que le stabex de LOMÉ I assurait aux pays producteurs de matières premières agricoles des ressources plus stables et donc une sécurité accrue à la fois pour leur économie et pour leurs productions. L'économie des pays essentiellement producteurs de minerais restait à la merci, sauf dans le cas du minerai de fer, de tous les accidents : chute brutale de prix ou de production.

La nouvelle convention corrige ce déséquilibre notamment en ce qui concerne la production, ressenti d'autant plus par les États ACP que des négociations internationales visant à la stabilisation des prix des matières premières, telles que le cuivre, n'ont donné jusqu'à présent que peu de résultats.[45] LA dite convention aborde en outre, de nouveaux domaines de coopération, notamment : la main d'œuvre, la pêche, les transports maritimes, la coopération agricole et industrielle, le développement industriel et eber9.

Les précédents passages démontrent les différentes objections des PVD quant au problème dialogue Nord-Sud. Toutefois, dans quel état d'âme les PI abordent les négociations avec les PVD ?

3.2.1. LES PI ET LE DIALOGUE NORD-SUD.

---

[44] NUSBAUMER, Enjeu du dialogue Nord-Sud, p. 2.

[45]MILTON et FRIEDMAN(Rose), La liberté du choix.
Traduit de l'américain par GUY CASARIC, Paris, 1980, p. 39

Les PI possèdent une expérience solide et vieille de plusieurs années en matière d'organisation. Cette situation les place en position de force quand il s'agit des pourparlers économiques avec les PVD. Le problème pourtant du choix, du modèle de négociations est loin d'être résolu dans l'immédiat. Car, " *tous les pays industrialisés n'ont pas les mêmes intérêts économique ou politique à négocier avec le Sud. Certains ont plus de raisons politiques internes que d'autres, de mener une politique dynamique du développement. Certains ont gardé, plus que d'autres, des relations privilégiées datant de l'ère coloniale avec tel ou tel PVD* "[46].

Ce jeu d'intérêts particuliers brouille les négociations et bouleverse en quelque sorte les bonnes initiatives des pays négociants.

Le Nord, par ailleurs, sachant que le Sud est dépendant de son système économique, lui impose une situation qui assure toujours sa supériorité. Cela trouve sa justification par le fait que les décisions en matière économique sont prises par et en occident.

Cependant, la bonne foi des PI à négocier se butte à une difficulté non moins sérieuse. C'est " *le fait que l'on ne s'est pas suffisamment efforcé d'identifier clairement ce qui était négociable et ce qui ne l'était pas dans les proportions et contre proportions des uns et des autres. Or, une telle inspection du champ de la négociation aurait permis de sélectionner pour un examen prioritaire les sujets sur lesquels les chances d'aboutir étaient les plus prometteuses, afin de mettre en route un processus positif au fil duquel chaque progrès accompli serait apparu comme une étape définitive vers le renforcement de la coopération économique internationale.* "[47]

Il ressort de l'excursus fait à travers la procédure de négocier des PI que : ces derniers abordent le dialogue avec un souci tout particulier, celui de dominer et d'exploiter le Sud. Ce qui régente la gourmandise des dits pays à se rassasier au détriment des plus faibles. C'est dans cette atmosphère impérialisée que les débats ont lieu. Par ailleurs, peut-on responsabiliser l'échec du dialogue Nord-Sud au seul côté des PI ?

3.2.2. LES PVD ET LE DIALOGUE NORD-SUD.

[46] Ibid., p. 2.

[47] Ibid., p. 2

Il est vrai que les PVD ont une structure semblable à celle des PI. Cela veut dire que les PVD amorcent leurs démarches auprès des PI dans une désharmonie caractérisée. C'est la conséquence sans doute des problèmes propre à eux. Les PVD n'ont pas les mêmes difficultés. D'autres facteurs encore les différencient. Notamment : la situation géographique, l'idéologie, la gouvernance, les intérêts politiques, les richesses du sol et du sous-sol etc. Ces faits ne rendent que l'homogénéité purement caduque.

NUSBAUMER[48] écrit à ce propos que : " *De même, le Sud est loin d'être homogène. Il l'est peut-être moins que le Nord.* "

Les écarts de niveaux de vie entre PVD sont beaucoup plus marqués qu'entre pays industrialisés. Les affinités politiques, les traditions culturelles sont aussi plus disparates.

Les antécédents coloniaux propres à chaque pays ont influencé son évolution politique interne et son développement économique de façon particulière.[49]. Cette disparité n'exclut pas une certaine unité. Car ajoute l'auteur de l'enjeu du dialogue Nord-Sud : " *ce qui unit le Sud, c'est d'un côté le retard économique commun à tous les PVD et qui fait qu'à des rares exceptions près, les écarts, tous les écarts dans ce domaine sont plus grands avec le Nord qu'entre eux.* "

C'est en outre que le Sud dépend dans une très large mesure du Nord pour son propre développement (...)[50]

Un malheureux constat qui mérite une révision du problème par les PVD.

Eu égard à la description sommaire certes, qui vient d'être faits ; une interrogation interrompt la chaîne d'idées, à savoir comment peut-on à la lumière des théories de Habermas et de Gadamer apprécier le dialogue Nord-Sud.

3.2.3. HABERMAS ET/OÙ GADAMER FACE AU DIALOGUE NORD-SUD.

Dialoguer, c'est répondre. C'est se soumettre à une critériologie. L'idée nous la tirons de Habermas qui s'exprime en ces termes : " *Un vrai dialogue est constitué par la reconnaissance réciproque d'un minimum de quatre exigences de validité énoncés tour à tour par les locuteurs ; la première chose requise est le caractère compréhensible de l'énonciation ; la vérité de sa composante proportionnelle ; l'exactitude ou l'opportunité de l'élément performance, sincérité*

---

[48] Ibid., p. 2

[49] HABERMAS (J), Théorie et pratique, p. 295

[50] AMIN (Samir), La déconnexion, Pour sortir du système mondial. Coll " Cahiers libres" Paris, éd. La découverte in Revue interview n°, 1986,p.16.

du sujet parlant "[51]. Et, Gadamer d'ajouter que : Si la question a un sens, cela est impliqué dans son essence. Or, le sens de la question est donc la direction dans laquelle peut effectuer la réponse si elle veut être une réponse sensée, significative.

Le dialogue tel qu'il s'opère dans les négociations entre le Nord et le Sud est loin de répondre aux exigences de ces deux philosophes précités. Car comme l'a remarqué avec amertume l'économiste Égyptien Samir Amin dans son ouvrage intitulé : la déconnexion pour sortir du système mondial[52] la nécessité de déconnecter (en matière économique) en construisant " *son propre système de références et de critères présidant aux décisions (économiques, politiques, sociales et culturelles) à prendre pour réaliser ses objectifs politiques. Il ne s'agit absolument pas d'un repli autarcique, mais d'un refus de la fausse rationalité du mondial. Bien entendu, il y a entre l'exigence de la déconnexion et le poids des contraintes extérieures un rapport à la fois conflictuel et complémentaire. Il ne s'agit pas de se retirer du monde, mais de mettre en œuvre une autre politique. (...).*

La déconnexion n'est pas non plus synonyme de développement auto-centre. Ce dernier concept a un sens précis : soumettre des relations extérieures aux exigences de l'accumulation interne et non à l'inverse- s'ajouter aux exigences de l'accumulation dans les centres du système capitaliste. C'est précisément cette inégalité constitutive à l'expansion du capitalisme qu'il faut entraver et réduire en déconnectant pour ensuite assurer un développement auto- centre.

Ces propos constituent à notre avis, une réaction de l'économiste Égyptien face à la distorsion du dialogue par les PI dans les rencontres internationales. Ces inquiétudes peuvent être nourries davantage, s'il faut montrer combien l'occident veut à toute circonstance et dans tous les domaines exhiber sa supériorité.

Le Sud par contre, avions-nous dit est responsable en partie responsable des échecs enregistrés lors des négociations entre les PVD et PI. Cela s'explique d' abord par sa dépendance chronique du Nord. C'est à juste titre que Monsieur Perroux avait dit que : " À des degrés variés, les pays en développement sont tous fortement dépendants sous le rapport des échanges extérieurs et subissent, dans ce domaine des effets asymétriques d'influence de dominance et de domination partielle. Les effets de dominance s'expliquent par la menace de suspendre le trafic (A. MARSHALL) ainsi que l'inégalité massive en connaissance technique, à leur

---

[51] PERROUX (E), Pour une Philosophie du Nouveau développement., Paris, Aubier, les presses de l'UNESCO, 1981,p.175.

[52] NUSBAUMER, L'enjeu du dialogue Nord-Sud., p. 2.

désavantage, dans la préparation des conventions privées ou publiques et dans la rédaction des cahiers des charges "[53]. Une autre caractéristique des pays du Sud, c'est le manque d'une politique d'ensemble devant leur permettre d'aborder les négociations avec le Nord. Cette situation a d'ailleurs été épinglée par NUSBAUMER qui notait ceci :" *le Sud ne peut espérer le (système) transformer s'il agit en ordre dispersé*[54]. En d'autres termes, l'Afrique ne peut transformer tout système du dialogue sans être au préalable elle-même transformée. La transformation de l'Afrique est impérieuse tant sur le plan culturel, sociologique que autre avant toute action d'envergure.
Une troisième considération vient enfin confirmer les deux premières. À savoir la mise en garde des pays en voie de développement quant à la psychologie qui doit les soutenir lorsqu'ils sont face avec les pays industrialisés. C'est pour cette raison que l'auteur de l'enjeu du dialogue Nord-Sud écrit que : « les *PVD ne doivent pas se contenter de mettre en doute l'aptitude au dialogue des pays industrialisés. Mais n'empêche qu'ils disposent des raisons suffisantes pour admettre que toute tentative de sa part pour engager un dialogue avec les pays industrialisés ne sera pour ceux-ci que l'occasion d'assurer sa domination. "*.[55]

Toutefois, outre cette disposition à charge des PVD et la non-conformité du dialogue Nord-Sud aux exigences de Habermas ; le dialogue Nord-Sud pèche aussi contre la structure" question- réponse " de Gadamer. Dialoguer, suppose répondre dans la perspective de la question ou mieux savoir la poser. Car," *c'est cette dialectique de la question et de la réponse (...) qui fait, apparaître la compréhension comme relation du genre du dialogue. "*[56].
Ce dernier, " *c'est une volonté de lutte, d'attente et d'écoute qui essaie de dépasser les contingences pour un universel toujours à chercher "*[57]." dialogue ici c'est le va et vient entre l'acquis préalable et la nouveauté de ce que l'autre veut dire. Conduire un dialogue, c'est se laisser conduire par la chose même que visent les interlocuteurs, c'est regarder ensemble vers une visée, avoir une idée commune. On voit bien que dialoguer suppose une attente sur la chose, sur le contenu de la chose, un accord profond (Verstandigung) [58]; sur la question.

---

[53] Ibid.,

[54] GADAMER, Vérité et méthode, p. 225.

[55] OKOLO OKONDA W'OLEKO, Pour une philosophie de la culture et du développement. Recherches d'hermeneutique et de praxis africaines., Kinshasa, P. U. Z., 1986,p.87.

[56] Politique- La Science politique in Encyclopédie Universalis France, vol 13 Physique. Régionalisme, 1972, p. 233.

[57] Ibid, p. 233.

[58] Ibid, p. 233

Ces deux auteurs, nous voulons dire Habermas et Gadamer viennent de démontrer les relations économiques,... entre les PVD et les PI pour des raisons énumérées sont quasi impossible. ERIC WEIL, auteur de philosophie et réalité renchérit en stigmatisant que même au niveau politique, le dialogue n'est pas possible.
À ce propos, comment argumenté-t-il ?

3.3. ERIC WEIL ET LE DIALOGUE NORD-SUD.

Partant de quelques considérations sur le concept " politique" pour enfin déboucher sur son impact sur le dialogue Nord-Sud. " *Il résulte une grande variété des écrits et propos qui se disent politiques : une politique constate ERIC WEIL dans sa philosophie politique, peut être équivalemment un traité des théories positives de sociologie, au sens large ou encore un programme d'actions appuyé par des réflexions scientifiques ou non." Et, il ajoute plus loin qu'une troisième conception est possible : une politique est alors" une considération raisonnable de la réalité pour autant que cette réalité même permet ou impose à l'homme de la modifier selon des buts et à partir du refus qu'il établit lui-même de ses action. "* [59]

À ce titre, les phénomènes sont à considérer par rapport à l'idéal que l'auteur se fait de l'homme et de la société. Par ailleurs," *la science politique stricto sensu dit ce que fut l'état et ce qu'il est à présent (dans les différents pays), son mode de gouvernement, de formation, implique une neutralité axiologique (...) ; purement pratiques."*[60]. *Or, concrètement la politique considère l'action comme son centre d'intérêt. Cet état de décisions qui relèvent du pouvoir politique engagent et obligent toute la société globale. Elles sont l'enjeu d'une compétition très vive entre les divers groupes, catégories, couches ou classes sociales. "* [61]. L'action dont il est question doit être saisie" sous *l'aspect de la prépondérance d'une structure sur toutes les autres (...) «*[62]. Parler d'une structure sur une autre, c'est exprimer en termes de juxtaposition. C'est cette structure juxtaposée que nous remarquons et déployons entre le Nord et le Sud. Cette juxtaposition d'elle-même ne répond pas aux exigences de Habermas. C'est à dire qu'elle ne conduit / débouche pas au dialogue, à l'émancipation.

---

[59] Ibid., p. 236.

[60] Ibid., p. 244.

[61] MALHERBE (J. François), Des énoncés protocolaires aux conditions, aux décisions épistémologiques, in Revue philosophique de Louvain. IV ème série, n°24, nov. 1976,p.614.

[62] Pour une Philosophie de la culture et du développement. Recherche d'hermeneutique et de praxis africaines.

C'est pour cette raison que Habermas propose de juxtaposer la " *domination grâce à... l'auto-reflexion."*[63]. Par auto-réflexion, Habermas désigne une attitude du sujet qui consiste à prendre conscience à travers l'interaction linguistique avec d'autres, de son lieu à l'ensemble social articulé par les rapports de domination. Cette prise de conscience n'est pas spéculaire, elle est pratique car elle constitue donc en quelque sorte la voie de l'émancipation. L'auto-reflexion au sens de Habermas se différencie donc très nettement des démarches de l'introspection ou de la philosophie réflexive. Dans l'auto-reflexion, la connaissance coïncide avec l'intérêt et connaissance et intérêt confondus tendent à libérer le sujet des rel de domination qui l'aliènent, en promouvant son autonomie et ses responsabilités. C'est pourquoi les intérêts cognitifs techniques (déployé dans le milieu de travail) et communicationnel (manifesté dans le langage) ne peuvent être compris clairement comme des intérêts constitutifs de la connaissance que s'ils sont rapportés à l'intérêt cognitif émancipateur de l'auto-reflexion. Le Professeur OKOLO OKONDA par ailleurs dans son livre[64] fait état de la pratique de la domination. À ce sujet il écrit : "... *Il existe des idéologies qui viennent des pays exploitant et voulant par-là maintenir leur domination...»*[65]. Tous ces propos témoignent combien l'action politique est souvent utilisée et presque exclusivement à des fins de domination. Cette domination n'exclut aucun pallié de pouvoir afin de conserver et perpétrer le pouvoir. Au niveau interne, les pays, mieux les détenteurs du pouvoir s'exercent à asseoir leur hégémonie sur les autres. C'est à juste titre que l'auto-reflexion développée par Habermas doit être saisie et appliquée en vue de promouvoir les relations internationales.

3.3.1. À LIRE LA PENSÉE D'ERIC WEIL, PEUT-ON ESPÉRER UN DIALOGUE EN POLITIQUE ?

On ne peut parler de dialogue que dans la mesure où chacun des participants admet que tous les autres sont aussi raisonnables que soi-même. Or, ce n'est pas le cas en politique. C'est ce prouve le nombre d'échecs entre politique et politiciens dans les conférences nationales, cas de l'Afrique ou dans des forums politiques à la recherche des consensus sur des questions liées à la gestion des états et /ou entités en proie à des violences de tout genre.

---

[63] Ibid, p. 78

[64] Weil (Éric), Philosophie et réalité, p. 286.

[65] Souligné par nous.

Pour revenir à l'interrogation citée ci-haut, Éric WEIL dit que les hommes politiques ne peuvent pas dialoguer. La raison dit-il est claire : " *Ils peuvent discuter et dans leurs discussions, ils peuvent essayer d'éviter le conflit violent (...). Les hommes politiques peuvent discuter et il faut espérer qu'ils continueront à discuter longtemps. Mais ils ne peuvent pas entrer dans un dialogue : sur quoi s'entendraient-ils ? "* [66]

" *Les hommes de culture ? Ils peuvent dialoguer. D'abord, ils savent dialoguer. Ils l'ont appris, c'est leur métier, c'est leur travail, leur spécialité. Ils peuvent dialoguer, puisqu'ils sont d'accord sur la valeur du dialogue, étant opposés à la violence, du moins à l'emploi prématuré de la violence (...). ", "L'homme politique (dans ce contexte)*[67] est en droit de poser à l'homme de culture son éternelle question qu'il adresse à tous ceux qui parlent : au nom de qui parlez-vous ?

La réponse de l'homme de culture ne vise pas aussi rapidement qu'on pourrait l'atteindre d'un homme ordinaire peu embarrasse, pour exprimer. Au nom de qui ? Au nom de la civilisation.[68]. Tout compte fait, les hommes de culture ont un rôle fondamental à jouer dans l'instauration d'un dialogue même dans le domaine politique. C'est ainsi que WEIL enchaîne en disant que : " *la tâche essentielle des hommes de culture n'est pas de prendre place en dehors de la discussion politique qui constitue entre les états et les parties. Cette discussion dont l'enjeu est formée par les grands intérêts traditionnels et ces autres, non moins grands, qui se sont révélés au monde moderne parce qu'ils se sont produits seulement dans ce monde. Il ne s'agit aussi, de crier, aux hommes qui représentent et défendent ces intérêts, telle une gouvernance sévère à des enfants bruyants "*[69]. Toutefois," il importe d'assumer la volonté de faire de la discussion un dialogue. (Ce qui rejoint l'idée de Gadamer.)[70]. Non qu'il s'agisse là d'une transformation réelle, sur le plan politique : les hommes politiques ne sont pas là pour dialoguer. Leur métier est la discussion de leurs intérêts "[71]. Ils peuvent débattre à longueur de journée sur la sémantique des mots sans en découdre sur son herméneutique. Ceci explique l'affirmation de Michel Simon qui disait que :» l'homme *politique abordera la vie internationale comme une jungle dans laquelle aucune règle éthique ne saurait guider les comportements. C'est l'état de nature entendu comme celui de la guerre*

---

[66] Éric Weil, Philosophie et réalité., p. 287

[67] Ibid., p. 293

[68]Souligné par nous.

[69] Ibid., p. 294

[70] SIMON (Michel), Les droits de l'homme. Guide d'informations et de réflexion. Coll " Synthèse" Lyon Cedex, Chronique Sociale, 1985,p.97

[71] Ibid., p. 98

de tous contre tous où chacun s'efforce de survivre, entre en compétition avec l'autre, accapare par la violence et par la ruse le plus de biens de gloire et de puissance "[72] Ceci explique l'attitude des politiciens des pays industrialisés qui pour eux," l'homme *d'état doit être convaincu qu'en politique la valeur suprême est celle de la puissance de son pays. Pour maintenir ou pour accroître, cette puissance, Weber sait et admet qu'un responsable devra employer des moyens mauvais ou recourir à la violence "* [73]

Ces idées ne font qu'affirmer davantage que :" le dialogue n'est pas la politique ni en politique "[74] mais il est politique au sens le plus fort : il est la voie de la pensée qui crée la politique dans le monde qui se prétend raisonnable et veut donc l'être (...)[75]

Par ailleurs, l'affirmation de WEIL dit-elle ou reste- t- elle immuable ? Elle est certes, sujette à une relativisation.

Les objections d'Éric WEIL sont fondées et estimons-nous peuvent faire l'objet de plusieurs applications dans les domaines variés et diversifiés. Le véritable dialogue n'est pas et n'existe nulle part. Car, même entre les philosophes ce dialogue n'existe. Parce que les partenaires en dialogue sont toujours déjà prisonniers d'un certain subjectivisme et liés à des idéologies de leur groupe. Si pas des idéologies de leurs maîtres à penser. Ces maîtres à penser sont des modèles qui influencent toujours la conduite, le discours etc. de leurs disciples. Ce qui fait que les intérêts divergent et prennent le dessus au détriment du " bien commun". Cela ne peut nous empêcher d'extrapoler en disant que pour ces mêmes raisons les discours sont aussi affectés par la maladie de l'idéologie qui sous-tend les actions des partenaires. Ce qui adultère sans plus, l'idée de Gadamer stipulant que " *dialoguer suppose répondre dans la perspective de la question ou mieux savoir poser la question. Cette dialectique de la question et de la réponse (...) qui fait apparaître la compréhension comme la relation du genre du dialogue."* [76]

Ce parallélisme dans le dialogue peut résulter de plusieurs facteurs : ceux relevant de la température ; du caractère personnel ; des convictions : religieuse, politique, ethnique, sociologique etc.

En effet, la pensée de WEIL peut être relativisée par l'approche des disciples de Kant que cite Simon Michel qui mettent l'accent sur l'aspect moral comme garde-fou pouvant et/ou devant orienter certaines actions politiques. Il écrit à ce sujet :

---

[72] Souligné par nous.

[73] Weil (Éric), Philosophie et réalité. p. 295.

[74] GADAMER, Vérité et réalité. p. 225.

[75] SIMON (Michel), Les droits de l'homme., p. 98

[76] Espace Théorique qui devra organiser et définir les nouveaux rapports entre les PVD et PI.

" *l'homme d'état ne pourra abandonner l'exigence éthique jusque dans les relations internationales. Kant oppose le moraliste politique à l'homme politique moral. Le premier cherche seulement une justification morale à ses actes politiques qui obéissent à toutes autres considérations. La morale n'est ici que le manteau d'apparat qui dissimule les mains sales et le sang séché : le cache-misère du réalisme politique. (Il n'est pas sûr que les célébrations rituelles des droits de l'homme par les représentants des gouvernements dans les enceintes internationales ne remplissent pas souvent ce rôle de couverture et de dissimulation). À cette comédie morale, Emmanuel Kant oppose celui qu'il appelle l'homme politique moral dont il caractérise ainsi par l'action : l'homme qui utilise les principes de la prudence politique de façon qu'ils puissent coexister avec la morale.* "[77]

Parlant ou partant de la morale comme facteur fondamental pouvant déboucher à la politique prudente, peut-on dans ce contexte parler d'un dialogue en dialogue politique ?

Les diverses interventions de Éric WEIL ont considéré ou ont consisté à procurer l'impossibilité d'un dialogue même en politique. Toutefois, nous nous sommes évertues à montrer que cette vision du problème pouvait être relative en ce sens que les divers griefs adressés à la politique pouvaient l'être aussi à tous les niveaux du dialogue.

Par ailleurs, en vue de permettre un issu au problème du dialogue Nord-Sud, nous préconisons une nouvelle base qui régente les nouveaux dialogues. À savoir la politique Nord-Sud.[78] Au chapitre sur le sentiment de l'état_dans son ouvrage intitulé : sociologie politique[79], Prélot affirme que : " *l'homme vit en société politique d'abord par nécessité matérielle, mais aussi parce qu'il trouve en elle un mode privilégié de satisfaction de sa propensions intime à la vie sociale*" [80]

Comme on le voit, Marcel Prélot et Éric WEIL parlent le même langage. Ils dégagent la préoccupation majeure de l'homme politique : la recherche des intérêts. Cette façon de voir la chose présente sans nul doute le certificat de décès du dialogue tel que Habermas et Gadamer le soutiennent. À ce propos WEIL écrit que : " *les hommes politiques ne peuvent pas dialoguer. Car, s'ils se mettent à discuter, sur quoi s'entendraient-ils ?*"[81]

---

[77] PRELOT (Marcel), Sociologie Politique.
Coll " Dallor". Toulouse, F. Boisseau, 1973, p. 711.

[78] Ibid., p. 30

[79] WEIL (Éric), Philosophie et réalité. P. 286.

[80] " espace sans lequel le discours scientifique n'aurait l'objectivité et même perdrait son sens"

[81] OKOLO OKONDA, Pour une philosophie de la culture et du développement. p. 98

Les positions tranchées de Prélot et de WEIL nous ont amené à trouver un nouveau carcan dans lequel ces positions seront dépassées. À savoir la politique Nord-Sud qui est une sorte de copillage asymétrique entre les deux partenaires. Cet espace théorique[82] devra régir des énoncés protocolaires aux décisions communes. Possible d'un dialogue en politique.

Certes, le dialogue est possible en politique. Justifions cette affirmation. L'idée de bien commun est une voie conduisant au dialogue en politique. S'agissant de *bien commun, le Professeur Okolo s'exprime en ces termes* : " *la praxis implique la volonté, le choix, et le choix, une réflexion pratique essentiellement dialectique. La raison pratique dépasse la rationalité technique et entrevoit au-delà des finalités particulières, le bien en général. La praxis implique donc l'agir en commun, elle est le contraire d'une conscience en norme et de demeure inépuisable par aucune théorie. Bref la praxis, au sein de ce monde en pleine expansion technique nécessite une nouvelle conscience de solidarité. Celle-ci est condition de la raison sociale actuelle. "*.[83]

C'est dire en d'autres termes que dans tous les domaines, il est possible de parler de dialogue ou de dialoguer. À ce titre, le domaine politique n'est pas exempté. Ce facteur assure donc la survie de la communauté.

L'idée de *bien commun* ressemble à celle des hommes politiques de culture pour qui son application est leur besogne quotidienne. Par ailleurs, nous pouvons, eu égard à la portée de ces deux positions dégagées ci-haut, dire qu'un terrain peut les réunir si pas les contenir.

Toutefois, nous commencerons dans cette analyse par essayer de dissocier le dialogue interculturel et politique. Le premier promeut au développement autocentré par le fait que : " *ils (les partenaires) sont d'accord sur la valeur du dialogue, étant opposés à la violence, du moins à l'emploi prématuré de la violence (...)*[84]. Le second, par contre, défend ses intérêts." *leur métier est la discussion de leurs intérêts. "*[85] Or, il devrait renoncer à la violence et à son action pour " *comprendre l'action, la passion et la violence. "*[86]

Cette étude leur aura permis de *s'auto-réfléchir* (dans la perspective de Habermas) et de réduire la violence qui est d'une manière latente dans son être, les conflits d'intérêts et la violence de la vie.

---

[82] WEIL, Philosophie et réalité., p. 287.

[83] Ibid., p. 294.

[84] Ibid., p. 295

[85] Communauté illimitée dans le temps et dans l'espace.

[86] TSHIAMALENGA (N), Questions de philosophie du langage.

Après cette distinction entre l'ordre inter-culturel du dialogue et celui de la politique, une tâche reste cependant à remplir. C'est celle de trouver un terrain de rencontre entre le Nord et le Sud. À ce propos, l'espace dégagé ci-haut est mieux indique pour donner satisfaction à cette requête. Car, il s'agira de s'entendre sur la portée de certains concepts tels que : politique... Et de leur accorder une signification universelle. C'est dans cet esprit que le dialogue devra être conduit dans toutes les rencontres.

Notons cependant que dans la communauté illimitée dans le temps et dans l'espace, ICI[87] de Habermas pour autant que " *l'argumentateur compétent est tout homme qui exerce sa raison sur une question quelconque et dont la finalité est de concourir à un consensus"*[88] clarifie quelque peu la précédente affirmation. Gadamer, cité par le Professeur Okolo, par contre, complète et amplifie l'idée de Habermas en écrivant que : " *conduire un dialogue (...), c'est regarder ensemble vers une visée, avoir une visée commune. On voit bien que dialoguer suppose une attente sur la chose, sur le contenu de la chose, un accord profond (verdtandigung)"*[89]. Et le Professeur Okolo de poursuivre que l'aspect communicationnel constitutif de l'homme et de sa vie en société apparaît être à la fois le point de ralliement et de divergence."[90] Entre les pays en voie de développement et les pays industrialisés.[91]." *La communication constitue à la fois l'élément de l'inter-action et de la compréhension. "*[92]. L'orientation de la pensée définie par Habermas et Gadamer en ce qui concerne le dialogue nous incite à extrapoler que le dialogue Nord-Sud doit être compris dans un champ global. Le développement qui est sa résultante, doit l'être aussi. Car, le développement se veut mondial. L'écologie avec les conséquences sur la santé et sur sphère habitée par l'homme démontre à quel prix l'inter-action est plus vive. Des politiques de protection de l'écologie sont mises afin de protéger la population de la terre. Ce qui justifie des milliards d'euros ou de dollars américains englouties dans la recherche et dans le mécanisme de reboisement des plantes pour protéger cette terre. La politique en cette matière d'environnement se veut un discours réconciliateur et intégrateur. Car, toute l'humanité est secouée par le marasme du désordre écologique. C'est dire que le développement dans ce secteur à titre illustratif implique la contribution et la part de tous.

---

[87] OKOLO, Pour une philosophie..., p 97.

[88] Ibid., p. 98.

[89] Souligné par nous.

[90] Ibid., p. 98.

[91]

[92] CHOMSKY (N), Aspects de la théorie syntaxique. Paris, Seuil, 1972, p. 46.

Le langage de ce développement doit être un moyen d'union véritable entre les nations tant du Sud que du Nord ou de l'Est comme ceux de l'ouest. Cette finesse de langage devra permettre un nouvel ordre économique international. À partir de cette stratégie qui est une moule indispensable à la gestion du dialogue Nord-Sud.

CHAPITRE IV. L'AFRIQUE ET LES THÉORIES SOUS-ÉVOQUÉES.

Après les heures des indépendances des états africains, et, particulièrement après la création en juin 1963 de *l'Organisation de l'Unité Africaine, en sigle OUA et, après leurs moments fastidieux de la mondialité, l'Afrique est entrain de suivre les secousses de toutes ces innovations politiques.* Le dialogue, qui est une richesse à la portée de la communauté universelle, dans la mesure où le vivre-ensemble requiert le dialogue, cette Afrique est toujours en perte de vitesse dans cette course vers l'égalité des chances.

Des facteurs déjà stigmatisés dont les idéologies, les richesses naturelles, les intérêts particuliers et partisans, la bonne gouvernance, l'éducation au rabais, la santé et autres fléaux naturels divergent les points de vue des africains dans ce terrain de compétition. Cependant, l'auto-implication des rapports de force entre le Nord et le Sud ainsi que les dissensions internes à chaque propre groupe engendrent les conséquences sur la tenue d'un dialogue Nord-Sud souhaité. Au Nord à titre illustratif, depuis la tombée de la barrière entre l'Allemagne de l'Est et de l'Ouest, le Nord est dans une secousse économique prépondérante de l'Allemagne. Les autres pays de l'Est qui ont adhéré à l'Union Européenne sentent le froid et le chaud. Ce qui n'est pas de nature à propulser le Nord vers dans ambitions plus grandes. Nonobstant, l'espace des débats créent autour de l'Unesco et autres organisations internationales, les pesanteurs internes défavorisent la prétention Européenne face au Sud et face à la Chine.

S'agissant du Sud, des profondes inégalités sont signalées de part, le qualificatif des pays émergents et des pays très endettés dits très pauvres. Ce schéma est renforcé par la faible participation à l'éducation, à la santé, à l'alimentation etc.

Le sous-développement de l'Afrique est proportionnel à la vitesse de la destruction de son tissu culturel. La culture est le réservoir de la science ; de la politique ; du langage etc. Bref du savoir.

Dans d'autres cieux, il est heureux de constater la manière probante de la culture Chrétienne véhiculé toutes les valeurs Israéliennes depuis des générations. Elle est la force et va demeurer le point de mire de cette civilisation.

L'Afrique par ailleurs, est prise en étau entre les cultures occidentales et asiatiques d'une part et par les cultures judéo-chrétienne et musulmane d'autre part. Pour autant que la racine pivotante de l'Afrique qu'est la culture a été dans le régime de l'oralité pour la plupart, sa sève s'était vite diluée et, elle ne constate que ballotement et le déséquilibre se fait sentir dans son économie et ses finances.

La culture transmet la compréhension du discours. Ce qui explique que dans les temps passés, les villages se communiquaient au moyen des tam-tams et, le message était décodé par le partenaire du village voisin. À ce jour, la disparité des africains, je veux dire la dislocation des africains faute d'un dénominateur commun a creusé le fossé d'unité et, par voie de conséquence, le manque d'harmonie a pris la place pour affaiblir cette Afrique déjà, malade de part, les affres de la colonisation et de tous les maux déjà décriés.

Pour cette raison que l'élite des indépendances a sorti des schémas de déculturation, de développement, de l'autonomie africaine par la liberté etc. Mais, la culture occidentale et asiatique qui s'affronte avec celle de l'Afrique est appuyée par l'informatique. Raisonner, écrire, calculer, transmettre des données météorologiques, sismique, scientifiques, technologiques etc. à grande vitesse.

Il faille de refaire des structures culturelles de penser et d'écrire propres à l'Afrique qui tiennent des facteurs internes et externes. Le temps est cependant, en défaveur de cette approche. Pour la simple raison que nos Co débateurs poussent toujours très loin avec des recherches. Pourtant, l'Afrique est retardée pour la recherche de la survie. C'est à dire la recherche de comment nourrir et soigner sa population.

Consécutivement au *bien commun* que pourrait soutenir le dialogue entre le Nord et le Sud, il pourrait de définir comme *la solidarité.* Face au développement de la Santé, de l'écologie, de l'éducation, à la bonne gouvernance etc.

Nonobstant, les intérêts des uns comme des autres, l'attente autour des concepts à produire pendant le dialogue risque de produire un cercle vicieux. Dans la mesure où les acteurs en présence risquent de rentrer dans les débats sur les contenus à donner à chaque concept. Néanmoins, la bonne volonté qui est du domaine de la morale n'est pas toujours à croire.

Pour contourner toutes ces faiblesses, il serait souhaitable que l'Afrique se dote des langues structurées et véhiculées par une culture qui emballent les idées, les imaginations, les sciences, les religions etc. Musclés par cette arsenal, elle pourra tenir et tirer les substances nécessaires des réunions telles que des pays d'Afrique et de France ; des pays d'Afrique et l'Agoa ; des pays d'Afrique et de Chine etc.

Faute de son héritage culturel qu'elle est oublié dans les grandes négociations de commerce et d'autres rencontres où se décident mieux se dessinent l'avenir du monde.

La jeunesse africaine déstructurée en grande partie, semble ne pas se réaliser de l'ampleur de la question. Autour de ces interpellations, la sonnette d'alarmes est déclenchée.

Pour ce faire, est-ce qu'il faille créer un nouveau questionnement sur le dialogue Nord-Sud ? Donc, l'actualisation de cette question s'avère nécessaire en prenant en compte, les faiblesses des uns et des autres et, de pouvoir reprendre le souci d'un monde sans barrières comme fondement du débat.

CONCLUSION GÉNÉRALE.

La caractéristique fondamentale de cette étude est de ressuscité les auteurs anciens et surtout valoriser leurs pensées. Ils sont vivants au travers leurs écrits. Aussi, être plus critiques vis à vis des rencontres internationales, qui se soldent souvent par des fiascos. Ces nombreuses impasses qu'elles enregistrent, empoignent les bonnes consciences et, incitent à la réflexion, aux éternelles interrogations sur les causes de ces impasses.

La conclusion fracassante que nous pouvons livrer à tous et à chacun individuellement est que : *il n'y a pas dialogue* entre le Nord et le Sud. Comment alors en est-on arrivé à ce constat amer ? Le schéma suivant a été suivi : Nous avons, au premier chapitre, relatif aux conditions du dialogue, exposé brièvement la compétence linguistique d'après Noam Chomsky. À ce sujet, il a été dit que la préoccupation majeure de l'auteur était de répondre de la langue. Comment, dit-il, l'enfant parvient à maîtriser sa langue ? À cette question, Chomsky procède par la reconstruction et la compréhension du processus qu'adopte l'enfant dans l'apprentissage de sa langue. L'enfant " *aborde les données en partant de l'hypothèse qu'elles lui proviennent d'une langue d'un certain type préalablement bien défini, le problème étant pour lui de déterminer parmi les langages possibles (à l'homme) quel est celui de la communauté où il se trouve. Il serait impossible d'apprendre une langue si ce n'était pas le cas.* "[93].

S'agissant de l'opposition entre la compétence et la performance linguistique, Chomsky dit que la compétence linguistique est la possession intuitive d'un tel système par l'individu, tandis que la performance est l'acte particulier de production d'un énoncé en fonction de la compétence.

Nous avons, en outre, opposé Chomsky à Ferdinand de Saussure, et avons trouvé que le premier dépasse les insuffisances de la distinction du second entre ce qui était apparent et ce qui était caché d'une part, et entre ce qui était inné et ce qui était produit, d'autre part. La problématique de Chomsky, vous vous en doutez, repose entre l'ordre du conscient et de l'inconscient.

Poursuivant notre raisonnement, nous avons noté que la compréhension de la compétence linguistique est possible par l'investigation de la compétence communicative. Celle-ci se présente sous forme de théorie universelle, générale. Cet aspect de la théorie dépasse celle de Chomsky. Elle est de Habermas.

---

[93] TSHIAMALENGA (N), Questions approfondies de philosophie du langage. pp. 5-6.

Pour Habermas, la " *la pragmatique universelle ou théorie de la compétence communicative a pour tâche de construire le système de règles suivant lequel, nous, locuteur, linguistiquement compétents, générons des situations de tout discours possible.»*[94]. Cette théorie de la compétence communicative doit rendre compte des performances que le locuteur / auditeur réalise à l'aide des UP en transformant les phrases en énonciations, c'est à dire en prenant en charge inter-subjectivement ce qui n'était simples phrases grammaticalement correctes.[95]
Pour Habermas, l'argumenteur *compétent* est tout homme raisonnable et non seulement l'*expert* puisque, pour savoir si quelqu'un est expert, il faut encore recourir à un consensus.
L'idée de consensus vrai exige des partenaires d'un discours la capacité de distinguer avec assurance entre *sein Und Schein* (grâce aux constatifs), *wen sen und erscheinung* (grâce aux représentatifs). Sur la base de ces distinctions, il est possible de juger avec compétence sur la vérité des affirmations, la véracité des assertions (Aeusserungen) et la justesse des actions (applications correctes des règles). Malheureusement, aucune de ces trois distinctions ne nous donne un critère indépendant (du consensus interne au discours) permettant de juger de la compétence de tout jugement possible.
Le jugement de la compétence de juger doit être monté par un consensus dont les critères d'appréciation doivent être trouvés.[96]. En somme, la base de la société Habermasienne est une société basée non seulement sur l'agir téléologique, mais aussi et surtout communicatif.

Le passage de Habermas à Gadamer se justifie par le fait que ce dernier évoque le dialogue dans la structure question-réponse. À ce propos, il commence par saisir la langue qu'il considère comme le *milieu où s'opère l'entente entre les partenaires et l'accord (einverstandnis) sur la même chose.* "[97]. Ensuite, il donne l'idée contenue dans Dialogue comme question _réponse, et celle de" *se laisser conduire par la même chose que visent les interlocuteurs. Conduire un dialogue ne demande pas de réduire l'autre au silence à force d'arguments, mais qu'au contraire, on prenne vraiment en considération le poids de l'autre opinion.* ". La compréhension de l'autre ne peut se faire que dans la mesure où on s'évertue à répondre dans l'esprit de la question.

---

94 Ibid., p. 7

95 Ibid., p. 17.

96 GADAMER, Vérité et méthode. p. 290.

97 Ibid., p. 213.

Le troisième chapitre est l'application concrète des théories précédentes dans le dialogue Nord-Sud. Au cours de cette approche, nous avons parcouru la brève historique et les diverses objections des pays industrialisés et des pays en voie de développement vis à vis du dialogue Nord-Sud. Nous sommes arrivés, à la lumière des théories de Habermas et de Gadamer que le dialogue Nord-Sud ne respecte pas les clauses théoriques édictées.

Ayant noté les insuffisances du dialogue Nord-Sud, nous avons proposé un nouvel espace qui puisse régenter les négociations dans les relations internationales notamment dans le dialogue Nord-Sud. Il s'agit de la *politique Nord-Sud.* Ceci en accord avec la pensée de Eric Weil qui note une impossibilité des hommes politiques à dialoguer. Ils peuvent toutefois, discuter des concepts, de la sémantique des mots voire même parler des intérêts. Cependant, le dialogue est possible en politique avec l'idée de bien commun. Quand bien même, ce concept requiert des VALEURS UNIVERSELLES, indéniable et pour lesquelles tout le monde s'accorde à elles. Ainsi, nous avons pensé à la solidarité face aux problèmes écologiques, sanitaires (Ebola, Covid-19 etc.).

Enfin, une page critique a été ouverte vis à vis de l'Afrique, des africains et de sa jeunesse.

Il faut renaître des cendres, la culture africaine capable de véhiculer les valeurs telles que les langues, les sciences, les religions etc. Comme arguments à soutenir dans ce rendez-vous de donner et de recevoir.

L'Afrique n'est pas appelée uniquement à recevoir. Elle doit pouvoir donner de ce qu'elle aura produit en sciences, en technologies et dans les autres domaines.

Plusieurs interrogations peuvent encore enrichir cette étude qui se veut modeste et ouverte.

BIBLIOGRAPHIE.

I. OUVRAGE

1. SIMON (Michel), Les droits de l'homme. Guide d'informations et de réflexion. Coll " Synthèse", Lyon Cedex, Chronique Sociale, 1986 p.

2. OKOLO OKONDA W'OLEKO, Pour une philosophie de la culture et du développement. Recherche d'hermeneutique et de praxis africaines. Kinshasa, P. U. Z., 1986,120 p.
3. MALHERBE (J. François), Des énoncés protocolaires aux décisions épistémologiques. In Revue philosophique de Louvain. IV ème série, n °24, nov. 1976 /77 594- 618.
4. Encyclopédie Universalis France. Vol. 13.
5. HABERMAS (Jurgen), Connaissance et intérêt. Traduit de l'allemand par Gérand Clémancon. Postface traduite par Jean-Marie Brohm. Préface de Jean-René Ladmiral. Paris, Gallimard, 1976,368 p.
6. Idem, Théorie et pratique. (T. I.) Préface et traduction de Gérard RAULET(critique politique, coll. Dirigée par Miguel Abenson), Paris, Payot, 1975,240 p.
7. Idem, Raison et légitimité. Problèmes de legitimisation dans le capitalisme avancé. Traduit de l'allemand par Jean LACOSTE (coll " critique de la politique"), Paris, Payot, 209 p.
8. GADAMER (Hans-Georg), Vérité et méthode. Les grandes lignes d'une herméneutique philosophique.. Paris, Seuil, 1975,346 p.
9. JEAN (Saint-Geours), L'impératif de coopération Nord-Sud. La symétrie des mondes. Paris, Dunod, 1981,124 p.
10. NUSBAUMER (Jacques), L'enjeu du dialogue Nord-Sud. Partage des richesses ou guerre économique. Préface de Arthur DUNKEL, Paris, economica, 1981,261 p.
11. MILTON et FRIEDMAN (Rose), La liberté du choix. Traduit de l'américain par Guy CADARIC. Paris, 1980, 316 p.
12. URI (Pierre), Développement sans dépendance. Paris, calman-Levy, 1974, 257 p.
13. BEDJOVI(Mohamed), Pour un nouvel ordre économique international. Paris, Unesco, 1978 295 p.
14. SAMIR (Amin), La déconnexion pour sortir au système mondial. (coll " cahiers libres"), Paris, éd. La découverte, S. D., 336 p.
15. PERROUX (François), Pour une philosophie du nouveau développement. Paris, Aubier, les presses de l'Unesco, 1981,279 p.
16. WEIL (ÉRIC), Philosophie et réalité. Derniers essais et conférences. Paris, Beauchesne, éd. 1982, 400 p.
17. WATZLAWICK (Paul), Une philosophie de la communication. Traduit de l'américain par J. MORCHE. Paris, Seuil, 1972, 285 p.
18. BIRAULT (Henri), Heidegger et l'expérience de la pensée. (coll " Bibliothèque de philosophie"), Paris, Gallimard, 1978,623.p
19. FREUD (Julien), Les théories des sciences humaines. Paris, PUF, 1973,159 p.

20. PRELOT (Marcel), Sociologie politique. (coll " Dallor"), Toulouse, F. Boisseau, 1973, 711 p.
21. CHOMSKY (Noam), Langue. Théorie générative étendue. (coll " Savoir"), Paris, Hermann, 1977,222 p.
22. Idem, La langue et la pensée. (coll " petite bibliothèque"), Paris, Payot, 1968,144 p.
23. GREIMAS (A. J.), Du sens. Essais sémiotiques. Paris, Seuil, 1976,313 p.
24. RIVIÈRE (Ph) et DANCHIN (L), Linguistique et culture. (coll " psychotheque"), Paris, éd. Universitaires, 1971,193 p.
25. Convention ACP-CEE de Lomé, signée le 28 février 1975,et documents connexes. Secrétariat général du conseil des communautés Européennes.
26. Dossier Lomé II, in le courrier ACP-CEE, n°58, signé le 31 octobre 1979.
27. TSHIAMALENGA NTUMBA, Questions approfondies de philosophie analytique. Université catholique de Kinshasa, Année académique, 1983-84,21 p.
28. CHOMSKY (N), Aspects de la théorie syntaxique Paris, Seuil, 1972,
29. TSHIMANGA, Mémoire de licence. Université Catholique de Kinshasa, 1986
30. WITTGENSTEIN, Investigations philosophiques.
31. HABERMAS (J), Was height universal Pragmatik, in Apel, K. O. (éd), Sprach Pragmatik Und philosophie. F. I. M, St, pp. 174-272.

II. Bibliographie d'auteur

MICHEL ÉLIE DJEMA ALOHO, né à HIAKA-YOMBO dans la collectivité de Lukfungu, Territoire de Lodja, le 07 avril 1956. Père de quatre enfants dont Omba Djema Christian, Lokamba Djema Gloire, Oleko Djema Carine, et Firmin Djema Wa Djema.

Chef de Travaux par Arrêté Ministériel n°ESU/CABMIN/0043/94 du 11.01.1994 portant promotion des membres du personnel Académique et Scientifique de l'Enseignenent Supérieur et Universitaire.

Actuellement chercheur.

Table des matières

D E D I C A C E II

0.0. INTRODUCTION GÉNÉRALE. 1

CHAPITRE I. THÉORIE DE LA COMPÉTENCE COMMUNICATIVE. 3

1.1. PRAGMATIQUE UNIVERSELLE ET COMPÉTENCE COMMUNICATIVE 3

1.2. Les universaux pragmatiques. 3

1.3. Discours. 5

1.4. LE DIALOGUE. 7

1.5. L'ÉTHIQUE COMMUNICATIONNELLE. 9

CHAPITRE II. L E D I A L O G U E SELON G A D A M E R 12

2.1. LA LANGUE. 12

2.2. DIALOGUE COMME QUESTION-RÉPONSE. 13

2.3. OUVERTURE À L'OPINION DE L'AUTRE. 14

C O N C L U S I O N PARTIALLE 15

CHAPITR III. DIALOGUE NORD-SUD. 16

3.1. HISTORIQUE 16

3.2. PROBLÈME. 16

3.2.1. LES PI ET LE DIALOGUE NORD-SUD. 18

3.2.2. LES PVD ET LE DIALOGUE NORD-SUD. 19

3.2.3. HABERMAS ET/OÙ GADAMER FACE AU DIALOGUE NORD-SUD. 20

3.3. ERIC WEIL et le dialogue Nord-Sud. 23

3.3.1. À LIRE LA PENSÉE DE ERIC WEIL, PEUT-ON ESPÉRER UN DIALOGUE EN POLITIQUE ? 24

CHAPITRE IV. L'AFRIQUE ET LES THÉORIES SOUS-ÉVOQUÉES. 31

CONCLUSION GÉNÉRALE. 34

B I B L I O G R A P H I E. 37

Printed by Books on Demand GmbH, Norderstedt / Germany